DORLING KINDERSLEY

London, New York, Melbourne, München und Delhi

BILDREDAKTION • Claire Patané
BILDBETREUUNG • Elinor Greenwood
GESTALTUNG • Sadie Thomas
FOTOS • Dave King
FOOD STYLISTS • Dagmar Vesely, Caroline Mason

PROJEKTBETREUUNG • Sue Leonard
CHEFBILDLEKTORAT • Clare Shedden
UMSCHLAGGESTALTUNG • Victoria Harvey
HERSTELLUNG • Alison Lenane
DTP-DESIGN • Almudena Díaz

Bibliografische Information der Deutschen Bibliothek
Die Deutsche Bibliothek verzeichnet diese Publikation in der Deutschen Nationalbibliografie; detaillierte bibliografische Daten sind im Internet über http://dnb.ddb.de abrufbar

Titel der englischen Originalausgabe:
Children's First Cookbook

© Dorling Kindersley Limited, London, 2005
Ein Unternehmen der Penguin-Gruppe

© der deutschsprachigen Ausgabe by Dorling Kindersley Verlag GmbH, München, 2006
Alle deutschsprachigen Rechte vorbehalten

ÜBERSETZUNG Wiebke Krabbe

ISBN: 978-3-8310-0813-1

Colour reproduction by Colourscan, Singapore
Printed and bound in China by SNP Leefung

Besuchen Sie uns im Internet
www.dk.com

Inhalt

4-5 Vorwort

6-7 Rührei-Sonne

8-9 Lieblingspfannkuchen

10-11 Schlürf-Spagetti

12-13 Nudelsalat

14-15 Pizzateig

16-17 Pizza-Gesichter

18-19 Kartoffelmäuse

20-21 Süßsaures Hähnchen

22-23 Froschgrüner Dip

24-25 Fruchtfisch-Dip

26-27　Kinderleichte Muffins

28-29　Tierische Muffins

30-31　Plätzchenteig

32-33　Plätzchen-Zoo

34-35　Marmeladenherzen

36-37　Schneckenkekse

38-39　Kühlschrank-Schokokuchen

40-41　Himbeer-Schnörkelkuchen

42-43　Frucht-Shakes

44-45　Eis am Stiel

46-47　Eiskreme

Liebe Eltern,

Kinder kochen gern. Besonders lieben sie das Kneten und Ausrollen von Teig und das Aufschlagen von Eiern. Kochen mit Kindern macht Spaß und verbindet – und ganz nebenbei üben sie zählen, messen, wiegen und trainieren ihr Zeitgefühl, ohne es zu bemerken. Für dieses Buch habe ich Rezepte ausgesucht, die toll aussehen, lecker schmecken und auch dreijährigen Kindern schon gelingen. Es gibt Rezepte für Dips, Hauptgerichte und fruchtige Getränke. Natürlich gibt es auch etwas zum Naschen. Was Kinder selbst gekocht haben, essen sie mit Begeisterung. Sie sind aber auch stolz, wenn es anderen gut schmeckt. Selbst heikle Esser entwickeln oft erstaunlichen Appetit, wenn sie in die Küchenarbeit einbezogen werden. Nehmen Sie sich die Zeit, mit Ihren Kindern zu kochen und Spaß in der Küche zu haben.

Annabel Karmel

Küchengeräte

Rührschüssel · Messer und Gabel · Kleiner Topf · Holzlöffel · Große Schüssel · Holzspatel

Sieb · Gläser · Frischhaltefolie · Nudelholz · Backblech · Kartoffelstampfer

Muffin-Blech · Papierförmchen · Ausstechformen · Abkühlgitter · Spritzbeutel · Palettenmesser

Das können kleine Meisterköche

 quirlen
 vermischen
 kremig rühren
 reiben
 stampfen

 schmelzen
 pürieren
 sieben
 köcheln
 schlagen

So knetest du:
1. Den Teig etwas flach drücken, zu dir hin klappen.
2. Die Handballen fest aufdrücken, dabei den Teig von dir weg schieben.
3. Den Teig drehen, wieder umklappen und drücken. Wiederhole das etwa 8 Minuten lang!

Bratpfanne · Reibe · Topf mit Deckel · Schneebesen
Wok · Pinsel · Quadratisches Backblech · Mixer
Runde Backform · Strohhalme und Spieße · Eisformen · Hohe Gläser

Rezepte lesen

1. Gerät, das du für ein Rezept brauchst.

2. So viele Personen können mitessen.

3. Hier muss Mama oder Papa helfen.

Rührei-Sonne

Mit so einem Frühstück fängt der Tag prima an.

Zutaten

15 g Butter
2 Eier
Salz und Pfeffer
2 EL Milch

So geht's:

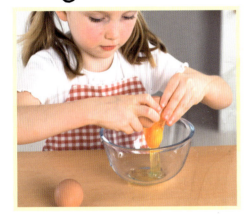

1 Schlage die Eier kräftig auf den Schüsselrand und brich die Schale auf.

2 Verquirle die Eier mit der Milch und einer Prise Salz und Pfeffer.

3 Lass die Butter bei mittlerer Hitze schmelzen. Gieße Eier und Milch dazu und rühre etwas um.

4 Nach 2 Minuten ist das Rührei fest. Jetzt kannst du es auf einem Teller servieren ...

... und Brotstreifen wie Sonnenstrahlen darumlegen.

Lieblingspfannkuchen

Der Teig ist einfach – das Umdrehen ein bisschen schwieriger.

So geht's:

1 Siebe Mehl und Salz in eine Schüssel. Drücke in die Mitte eine Vertiefung.

2 Schlage die Eier in die Vertiefung und verrühre Eier und Mehl. Verrühre in einer zweiten Schüssel Wasser und Milch.

3 Gieße nach und nach die Flüssigkeit zum Teig und rühre sie unter. 2 EL Butter schmelzen und einrühren. Falls der Teig klumpig ist, einfach durch ein Sieb gießen.

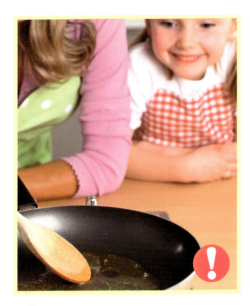  

4 In einer kleinen Pfanne etwas Butter schmelzen – nur so viel, dass der Boden dünn bedeckt ist.

5 Fülle 2 EL Teig in die Pfanne und schwenke sie, damit der Teig ganz zerfließt.

6 Brate den Pfannkuchen etwa 1 Minute. Löse ihn mit dem Holzspatel und wende ihn. Brate nun die andere Seite etwa 30 Sekunden.

7 Fülle die Pfannkuchen mit frischen Früchten (Vorher waschen!) und reichlich Ahornsirup.

Schlürf-Spagetti

Tomatensoße dazu – und dann kräftig zulangen!

Zutaten
- 2 EL Olivenöl
- ½ EL Tomatenmark
- ½ TL Balsamico-Essig
- ½ TL Zucker
- 400 g gewürfelte Tomaten aus der Dose
- 1 Zwiebel, geschält und gehackt
- 200 g Spagetti
- 1 Knoblauchzehe, zerdrückt
- Salz und Pfeffer
- Parmesan

So geht's:

1 Erhitze das Öl in einem Topf und dünste die Zwiebel und den Knoblauch 5 Minuten darin, bis sie durchsichtig sind.

2 Gib die gewürfelten Tomaten, Tomatenmark, Essig, Zucker und eine Prise Salz und Pfeffer dazu. Lege den Deckel drauf und lass alles 20 Minuten köcheln.

3 **Gib die Spagetti** in einen großen Topf mit kochendem Wasser. Auf der Packung steht, wie lange sie kochen müssen.

4 **Reibe den Parmesan** – aber Vorsicht mit den Fingern! Gieße die Nudeln ab, gib sie in eine Schüssel und gieße die Soße darüber.

Geriebenen Käse darüberstreuen und schlürfen!

Nudeln

Nudelsalat

Der ist schnell fertig – und noch schneller aufgegessen!

Zutaten

- 4 EL Honig
- 1 EL Essig
- 2 EL Sojasoße
- 1 EL Sesamöl
- 2 Stücke Hähnchenbrust (gekocht)
- 150 g Mais
- 2 Frühlingszwiebeln
- 175 g Brokkoli (kleine Stückchen)
- 200 g Nudeln (egal welche Sorte)

So geht's:

1 Die Nudeln kochen. Lies die Kochzeit auf der Packung nach. In den letzten 3 Minuten den Brokkoli mitkochen.

2 Zupfe das Hähnchenfleisch in kleine Stücke. Entferne dabei auch die Haut.

3 **Schneide** die Frühlingszwiebeln vorsichtig in Ringe.

4 **Rühre eine Soße** aus Honig, Essig, Sojasoße und Sesamöl an.

5 **Vermische** Nudeln, Brokkoli, Fleisch, Frühlingszwiebeln und Mais und gieße das Dressing darüber.

6 **Schon fertig!** Jetzt kannst du deinen Nudelsalat probieren.

2 in 1

Zuerst kommt der Pizzateig, und dann gleich zwei Beläge.

Pizza-
teig

Pizza

Zutaten

- 1½ TL Trockenhefe
- 1 TL Zucker
- 2 EL Olivenöl + Öl zum Einfetten
- 250 ml warmes Wasser
- 375 g Weizenmehl (Type 1050) und etwas zum Bestreuen
- Salz und Pfeffer

So geht's:

1 **Verrühre die Hefe** mit 3 EL Wasser. Stelle sie 10 Minuten beiseite. Sie wird ganz schaumig!

2 **Siebe Mehl** in eine Schüssel, gib Zucker, Salz und Pfeffer dazu und drücke ein Loch in die Mitte.

3 **Gieße die Hefe,** Wasser und Öl in das Loch und verknete alles mit den Händen.

4 **Streue** etwas Mehl auf eine saubere Tischplatte und knete den Teig 8 Minuten, bis er sich ganz glatt anfühlt.

5 **Lege** den Teig in eine eingefettete Schüssel. Decke ihn mit Frischhaltefolie ab und stelle ihn an einen warmen Ort.

6 **Fertig?** Der Teig sollte nun doppelt so groß sein. Drücke ein Loch in den Teig – bleibt es drin, ist er fertig. Noch mal etwas kneten.

Pizza-Gesichter

Wer sagt denn, dass eine Pizza kein Gesicht haben darf? Mit Hähnchenfleisch schmeckt sie noch mal so gut.

Zutaten: dein Pizzateig, Pizzasoße, 1 gekochte Hähnchenbrust, gewürfelt, Kochschinken, Salami, Paprika, Pilze, Oliven ohne Stein, Basilikum, geriebener Käse, Kirschtomaten, Frühlingszwiebeln

So geht's:

1 Knete den Teig kurz und schneide ihn in 4 gleiche Stücke. Rolle jedes zu einem Kreis von 18 cm Durchmesser aus. Lege die Böden auf ein Backblech.

2 Heize den Backofen auf 220°C vor. Streiche auf jeden Pizzaboden etwas Soße.

3 Lege Gesichter aus deinen Lieblingszutaten: Tomatennasen, Olivenaugen oder Paprikahaare. Probiere einfach aus, was witzig aussieht!

4 Du kannst auch Hähnchenfleisch, Paprika und Ringe von Frühlingszwiebeln auf den Pizzas verteilen.

5 Bestreue alles mit Käse. Dann 12 Minuten backen, bis der Rand goldbraun ist und der Belag leicht blubbert.

18 Kartoffeln

Kartoffelmäuse

Diese Mäuse sind zum Aufessen fast zu schade!

Zutaten: Radieschen, Kirschtomaten, Rosinen, Salz und Pfeffer, 1 EL Öl, 6 EL Milch, 30 g Butter, Frühlingszwiebeln, 4 Kartoffeln, geriebener Käse, Schnittlauch

So geht's:

1 Wasche die Kartoffeln und trockne sie ab. Stich mit einer Gabel die Schale an und lege sie auf ein Backblech. Bestreiche sie rundum mit Öl.

2 Die Kartoffeln backen, bis sie weich sind. Mittelgroße Kartoffeln brauchen bei 200°C etwa 1 Stunde.

3 Wenn sie abgekühlt sind, schneide einen Deckel ab und schabe das weiche Innere vorsichtig mit einem Löffel heraus.

4 Stampfe das weiche Innere mit Butter, Milch und Käse. Rühre etwas Salz und Pfeffer unter und fülle dann die Masse wieder in die Kartoffeln.

5 Bestreue sie mit Käse und backe sie einige Minuten unter dem Grill goldbraun.

6 Als Nase eine halbe Tomate mit einem Zahnstocher befestigen, als Schnurrbart Schnittlauch dahinter festklemmen.

7 Dann kommen Radieschenohren, Rosinenaugen und Frühlingszwiebel-Schwänze dazu.

Süßsaures Hähnchen

Dieses Gericht schmeckt toll und sieht dazu schön kunterbunt aus.

Zutaten
- 250 g Hähnchenbrust
- 75 g Möhrenstifte
- 200 g Reis
- 60 g Maiskölbchen
- 60 g grüne Bohnen
- 2 gehackte Frühlingszwiebeln
- 4 EL Pflanzenöl

Teig:
- 1 Eigelb
- schwarzer Pfeffer
- 1 ½ EL Speisestärke
- 1 EL Milch

Soße:
- 4 EL Hühnerbrühe
- 1 EL Sojasoße
- 1 EL Essig
- 2 EL Ketschup
- 2 EL Zucker

So geht's:

1 Koche zuerst den Reis, wie auf der Packung angegeben.

2 Verrühre alle Zutaten für die Soße in einer Schüssel.

3 In einer anderen Schüssel verrührst du die Zutaten für den Teig.

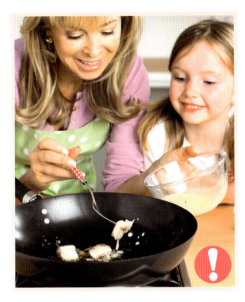  

4 Tauche das Fleisch in den Teig und brate es im Wok in 2 EL heißem Öl. Nimm es heraus und lege es auf einen Teller.

5 Brate im restlichen Öl die Möhren, Maiskölbchen und Bohnen etwa 4 Minuten. Rühre dabei immer wieder um.

6 Gieße die Soße dazu und koche alles 1 Minute. Dann gib das Fleisch und die Frühlingszwiebeln dazu.

7 Fertig! Gib auf jeden Teller etwas Reis und serviere das süßsaure Hähnchen darauf.

Froschgrüner Dip

Schneide dazu dein Lieblingsgemüse in Streifen und tauche es in den grünen Dip – das schmeckt super!

Zutaten:
- 1 große Avocado
- 1 Tomate
- 2 EL saure Sahne
- Salz und Pfeffer
- gefüllte Oliven
- 1 EL Zitronensaft
- Schnittlauch
- Gurkenscheiben

kleine Möhren
Gurkenstifte
Fladenbrot-Streifen
rote Paprikastreifen

1 Die Avocado in der Mitte teilen, den großen Kern entfernen und das weiche Fleisch mit einem Löffel ausschaben.

2 Zitronensaft darüberträufeln, sonst wird die Avocado braun. Ein Esslöffel ist genug.

3 Die Avocado zerdrücken und dann die saure Sahne unterrühren.

4 Die Tomate in winzige Stücke schneiden. 1 ½ EL Schnittlauchröllchen schneiden. Beides in den Dip rühren.

5 Den Dip mit etwas Salz und Pfeffer würzen.

uaaak!

6 Jetzt kommt das Froschgesicht: Gurken- und Olivenscheiben für die Augen, Schnittlauchhalme für das Maul.

24 Dips

Fruchtfisch-Dip

Dazu passen kleine Spieße mit deinen Lieblingsfrüchten.

Zutaten
- 1 Mango (oder 1 Pfirsich)
- 150 g griechischer Jogurt
- Schokostückchen
- Mandarinenstücke
- Kiwi- und Apfelscheiben
- 1 TL Honig

So geht's:

1 Halbiere die Mango und schneide das Fruchtfleisch kreuz und quer ein. Dann stülpe die Schale vorsichtig um und schneide das gewürfelte Fleisch ab.

2 Zerdrücke die Mango in einer Schüssel mit einer Gabel oder einem Kartoffelstampfer zu Brei.

3 Verrühre den Mangobrei mit dem griechischen Jogurt und Honig.

4 Jetzt wird der Dip zum Fisch: ein Mandarinenmaul, Kiwiflossen, ein Apfelschwanz und ein Schoko-Stückchen als Auge.

5 Für die Fruchtspieße schneide deine Lieblingsfrüchte in Stücke und schiebe sie auf Holzspieße. Jetzt kann gedippt werden!

Kinderleichte Muffins

Lecker-weiche Muffins gelingen einfach jedem.

Muffins 27

Zutaten

- 2 große Eier
- 5 Tropfen Vanillearoma
- 125 g Zucker
- 125 g weiche Margarine
- 125 g Mehl und 1 TL Backpulver

So geht's:

1 Den Backofen auf 180 °C vorheizen. Alle Zutaten in einer Schüssel verrühren, bis ein heller, weicher Teig entstanden ist.

2 Papierförmchen in die Vertiefungen des Muffin-Blechs setzen und jede Form zur Hälfte mit Teig füllen.

3 Die Muffins 18–20 Minuten backen. Sie sind fertig, wenn sie goldbraun aufgegangen sind und wieder in ihre Form springen, wenn du draufdrückst.

 28 Muffins

Tierische Muffins

Jetzt werden die selbst gebackenen Muffins kunterbunt verziert.

Zutaten
- deine Muffins
- 250 g Puderzucker
- Plätzchen
- Schokotaler
- bunte Schokolinsen
- 125 g weiche Butter
- 1 EL Wasser
- große und kleine Marshmallows
- rosa Lebensmittelfarbe
- Zuckerschrift in der Tube

1 Siebe für die Butterkreme den Puderzucker in eine Schüssel. Rühre in einer anderen Schüssel die Butter kremig. Gib nach und nach Zucker dazu, rühre dabei immer um. Rühre zum Schluss das Wasser unter.

2 **Für die Schafe** bestreiche die Oberseite der Muffins dick mit der Butterkreme.

3 **Nimm** einen großen Marshmallow für das Gesicht, zwei halbierte große für die Ohren und ein paar kleine Marshmallows als wolliges Fell.

4 **Für die rosa Schweinchen** verrühre etwas Butterkreme mit rosa Lebensmittelfarbe und streiche sie auf die Muffins.

5 **Klebe** einen großen Marshmallow als Nase auf. Für die Ohren nimmst du Marshmallow-Hälften.

6 **Für die Hunde** streiche Butterkreme drauf. Nimm die Plätzchen als Ohren und Süßigkeiten für Nase und Augen.

7 **Male zum Schluss** mit Zuckerschrift aus der Tube die Einzelheiten auf die Gesichter.

3 in 1 Plätzchenteig

Aus diesem einfachen Teig kannst du drei verschiedene Plätzchensorten backen.

Plätzchen

Zutaten

- 300 g Mehl
- 150 g Zucker
- 250 g weiche Butter, gewürfelt
- 1 großes Eigelb
- ½ TL Salz
- 10 Tropfen Vanillearoma

So geht's:

1 Butter und Zucker in einer Schüssel kremig rühren.

2 Eigelb und Vanillearoma zugeben und alles gut verrühren.

3 Dann Mehl und Salz zugeben und wieder gut durchrühren, bis ein glatter Teig entsteht.

4 Den Teig zur Kugel rollen, in Frischhaltefolie wickeln und 30 Minuten in den Kühlschrank legen.

Plätzchen-Zoo

Und so wird aus deinem Teig eine ganze Schar knuspriger Tiere.

So geht's:

1 Den Backofen auf 180°C vorheizen. Halbiere den Teig und knete in eine Portion das Kakaopulver.

2 Bestäube die Arbeitsplatte mit Mehl und rolle den Teig ½ cm dick aus.

3 Lege ein Backblech mit Backpapier aus. Stich Tiere aus und lege sie auf das Blech. Die Teigreste verkneten und wieder ausrollen.

4 Die Plätzchen 12 Minuten goldbraun backen. Lass sie auf einem Abkühlgitter abkühlen.

5 Verrühre Puderzucker und Wasser. Fülle den Guss in einen Spritzbeutel und verziere dann die Plätzchen damit.

6 Die Ge... malst du m... schrift aus der Tube...

Die Knuspertiere schmecken prima!

määäh!

Marmeladenherzen

Mit diesen leckeren Keksen kannst du jemandem zeigen, dass du ihn sehr lieb hast.

Zutaten
- dein Plätzchenteig
- 60 g weiche Butter (+ Butter zum Einfetten)
- 90 g Puderzucker, gesiebt
- Marmelade
- 2 Tropfen Vanillearoma
- 1 TL Wasser

So geht's:

1 Den Backofen auf 180°C vorheizen. Den Teig ½ cm dick ausrollen. Mit einer 6-cm-Form Kreise ausstechen.

2 Die Kreise auf eingefettete Backbleche legen. Stich mit einer Mini-Herzform aus der Hälfte der Kreise kleine Herzen aus.

3 Die Plätzchen 12 Minuten goldbraun backen. Dann ganz abkühlen lassen.

4 **Für die Füllung** die Butter glatt rühren. Nach und nach Puderzucker, Wasser und Vanillearoma unterrühren. Die ganzen Plätzchen (ohne Herz-Loch) mit der Butterfüllung bestreichen.

5 **Jetzt in die Mitte** der Butterfüllung immer einen Klecks Marmelade setzen. Die Plätzchen mit Herz-Loch daraufsetzen – schon fertig zum Probieren!

Schneckenkekse

Die Schneckenmuster entstehen beim Teigrollen.

Zutaten
- einige Tropfen rosa Lebensmittelfarbe
- dein Plätzchenteig
- 15 g getrocknete, gehackte Preiselbeeren
- 1 EL Kakaopulver

So geht's:

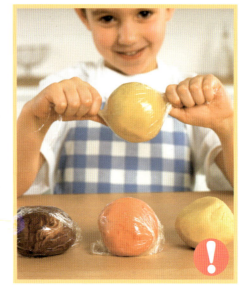

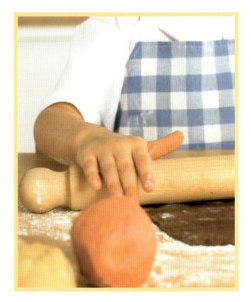

1 **Teile den Teig** in 4 Portionen. Verknete 1 Portion mit Kakaopulver, färbe die andere mit den Preiselbeeren und der Lebensmittelfarbe. 2 Portionen bleiben hell.

2 **Wickle** die Teigkugeln einzeln in Frischhaltefolie und lege sie 30 Minuten in den Kühlschrank. Den Backofen auf 180°C vorheizen.

3 **Streue etwas** Mehl auf die Arbeitsplatte und rolle jede Teigportion zu einem Rechteck von 18 x 20 cm aus.

4 **Lege** ein helles Rechteck auf ein Schoko-Rechteck. Schneide die Ränder gerade. Rolle beide zusammen. Rosa und hellen Teig ebenso rollen.

5 **Drücke** für die Marmorplätzchen die Teigreste einfach zusammen und forme sie zu einer Rolle.

6 **Lege Backbleche** mit Backpapier aus. Schneide alle Teigrollen in 1 cm dicke Scheiben und lege sie auf die Bleche.

7 **Jetzt** die Plätzchen 15 bis 18 Minuten goldbraun backen.

Kühlschrank-Schokokuchen

Diesen leckeren Schokokuchen kann man 2 Wochen im Kühlschrank aufbewahren.

Zutaten

- 250 g Butterkekse
- 150 g Zartbitterschokolade
- 150 g Vollmilchschokolade
- 150 g heller Sirup
- 100 g Butter
- 75 g Rosinen
- 100 g Trockenaprikosen, gehackt
- 60 g gehackte Pekannüsse (wenn du magst)

So geht's:

1 Lege eine flache, eckige Form mit Frischhaltefolie aus. Die Folie soll weit über den Rand der Form hängen.

2 Lege die Kekse in einen Gefrierbeutel und zerschlage sie mit einem Nudelholz.

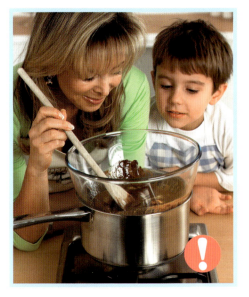

3 Stelle eine Glasschüssel auf einen Topf mit schwach kochendem Wasser. Schokolade, Butter und Sirup darin schmelzen.

4 **Nimm die** Schüssel vom Herd und rühre Kekskrümel, Aprikosen, Nüsse und Rosinen ein.

5 **Fülle die Masse** in die Form. Drücke sie mit einem Kartoffelstampfer an und streiche sie glatt.

6 **Abkühlen lassen,** dann 1–2 Stunden in den Kühlschrank stellen, damit die Schokolade wieder fest wird.

7 **Stürze den Kuchen** aus der Form, ziehe die Folie ab und schneide alles in 12 gleiche Stücke. Lasst es euch schmecken!

Himbeer-Schnörkelkuchen

Dieser Traumkuchen mit Sahne und Himbeeren wird im Kühlschrank gebacken.

Zutaten
- 125 g Butter
- 250 g Butterkekse
- 5 Tropfen Vanillearoma
- 450 g Frischkäse
- 225 g Zucker
- 300 g frische Himbeeren
- 60 g Puderzucker
- 400 g Sahne

So geht's:

1 Fülle die Kekse in einen Gefrierbeutel und zerschlage sie mit dem Nudelholz zu Krümeln.

2 Die Butter in einem Topf schmelzen. Die Kekskrümel dazugeben und gut verrühren.

3 Lege eine 20-cm-Springform mit Frischhaltefolie aus und fülle die Keksmasse ein. Mit einem Kartoffelstampfer andrücken und in den Kühlschrank stellen.

4 Für das Himbeerpüree koche Himbeeren und Puderzucker erst auf, dann 10 Minuten köcheln lassen. Abkühlen lassen und durch ein Sieb streichen.

5 **Verrühre** den Frischkäse mit Zucker und Vanillearoma. Schlage die Sahne steif und hebe sie unter den Frischkäse.

6 **Streiche** ¾ der Käsemasse auf den Keksboden und verteile ¾ des Himbeerpürees vorsichtig darauf.

7 **Versreiche** darauf den restlichen Frischkäse und gieße das übrige Himbeerpüree in geraden Linien darauf. Mit einem Spieß kannst du ein Muster ins Püree ziehen.

Lass den Kuchen 2 Stunden im Kühlschrank fest werden – besser über Nacht.

Pfirsich-Melba-Shake

Dieser leckere Shake schmeckt auch zum Nachtisch.

Zutaten
 400 g Pfirsichstücke
 100 g Himbeeren
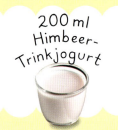 200 ml Himbeer-Trinkjogurt

So geht's:

1 **Streiche** die Himbeeren durch ein Sieb, um die kleinen Kerne zu entfernen.

2 **Lege** 2 Pfirsichstücke zur Seite. Püriere alles andere im Mixer. In Gläser füllen und mit Pfirsichstücken dekorieren.

Kokos-Traum

Schmeckt wunderbar kremig und exotisch.

Zutaten

125 ml Kokosmilch
300 ml Ananassaft
2 Kugeln Vanilleeis
100 g Ananas

1 **Püriere** Kokosmilch, Ananassaft, Eis und Ananas (bis auf 2 Stücke) im Mixer. Fülle alles in Gläser und verziere es mit den Ananasstücken.

Sommer-Shake

Eine prima Erfrischung an heißen Tagen.

So geht's:

Zutaten: 2 Pfirsiche, 1 Banane, 60 g Erdbeeren, 125 g Vanillejogurt, 125 ml Orangensaft

1 Bereite zuerst die Früchte vor. Schäle die Banane und Pfirsiche und schneide sie in Scheiben. Wasche die Erdbeeren und entferne die Blätter (bis auf 2). Schneide sie dann in Scheiben.

2 Schiebe abwechselnd einige Erdbeer- und Bananenscheiben auf Strohhalme. Püriere die anderen Zutaten im Mixer. Fülle alles in Gläser und serviere es mit den Strohhalmen.

Sommer-Shake · Kokos-Traum · Pfirsich-Melba-Shake

Ampel-Eis

Rot, Gelb, Grün – es darf gelutscht werden!

Zutaten

¼ einer kleinen Wassermelone

3 große, reife Pfirsiche

5 große, reife Kiwis

90 g Zucker

3 EL Wasser

So geht's:

1 Für Rot die Kerne aus der Melone kratzen. Das Fruchtfleisch mit 30 g Zucker im Mixer pürieren. In die Eisformen gießen, sodass sie ⅓ voll sind. 1 ½ Stunden einfrieren.

2 Für Gelb die Pfirsiche schälen. Das Fruchtfleisch mit 30 g Zucker im Mixer pürieren. In die Eisformen gießen, sodass sie nun ⅔ voll sind. Wieder einfrieren.

3 Für Grün die Kiwis schälen. Das Fruchtfleisch mit 30 g Zucker im Mixer pürieren. Durch ein Sieb streichen, um die Kerne zu entfernen. Die Eisformen füllen, die Stiele einsetzen und einfrieren.

Beeren-Raketen

An heißen Sommertagen gibt es nichts Besseres!

So geht's!

Zutaten
- 60 ml Wasser
- 40 g Zucker
- 125 g Himbeeren
- 150 g Erdbeeren ohne Blätter, halbiert
- Saft von 2 mittelgroßen Orangen

1 Koche Zucker und Wasser in einem Topf auf und rühre, bis sich der Zucker aufgelöst hat.

2 Püriere die Beeren und verrühre alles mit dem Zuckerwasser und dem Orangensaft.

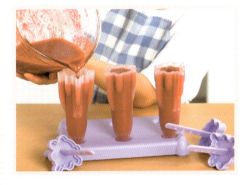

3 Gieße die Mischung in Eisformen, setze die Stiele ein und friere sie ein, bis sie fest sind.

Schoko-Verwöhner

Sieht toll aus, schmeckt fantastisch und geht superschnell.

Zutaten

- 2 Schokoladen-Muffins
- 3 EL Schlagsahne
- 2 Kugeln Vanilleeis
- 1 Schokoriegel mit Karamell (60 g)

1 **Stelle** für die Soße eine Schüssel auf einen Topf mit kochendem Wasser. Den Schokoriegel darin schmelzen und die Sahne einrühren.

2 **Höhle** die Oberseiten der Muffins aus. Setze je eine Kugel Vanilleeis in die Vertiefung und gieße die Soße darüber.

Erdbeer-Überraschung

Ein super Nachtisch: mal kremig, mal knusprig.

Zutaten
- 4 kleine Kugeln Erdbeereis
- Minzeblättchen
- 2 Baisers
- 200 g Erdbeeren

1 **Brich die Baisers** in kleine Stücke. Putze die Erdbeeren. Püriere eine Hälfte der Erdbeeren, schneide die andere in Scheiben.

2 **Fülle** die Erbeerscheiben in zwei hohe Gläser. Gib darauf Erdbeerpüree, je eine Kugel Eis und Baiserkrümel.

3 **Fülle darauf** noch eine Kugel Eis und Erdbeerpüree. Garniere jedes Glas mit einem Stängel Minze.

Register

Dips
  Avocado-Dip 22-23
  Frucht-Dip 24-25

Eier
  Pfannkuchen 8-9
  Rühreier 6-7

Eis
  Erdbeereis 47
  Fruchteis am Stiel 44-45
  Schokoladeneis 46

Hähnchen
  mit Nudeln 12-13
  Pizza 16-17
  süßsauer 20-21

Kartoffeln
  Backkartoffeln 18-19

Kuchen
  Käsekuchen 40-41
  Schokokuchen 38-39

Muffins
  Grundrezept 27
  Variationen 28-29

Nudeln
  Nudelsalat 12-13
  Spagetti 10-11

Pizza
  belegte Pizza 16-17
  Pizzateig 15

Plätzchen
  Heidesand 36-37
  knusprige Plätzchen 32-33
  Marmeladenherzen 34-35
  Plätzchenteig 31

Shakes
  Frucht 43
  Kokosnuss 42
  Pfirsich-Melba 42

Annabel Karmel hat sich mit zahlreichen Kinderkochbüchern, die in aller Welt verkauft werden, einen Namen gemacht. Sie ist Expertin für leckere und gesunde Gerichte, die Kinder lieben – und für die Eltern nicht stundenlang in der Küche stehen müssen. Sie schreibt außerdem regelmäßig Beiträge für britische Zeitungen und Zeitschriften und ist häufig Gast in Rundfunk- und Fernsehsendungen, die sich mit Kinderernährung beschäftigen.

Dank

Vielen Dank an die Kinder, die bei den Aufnahmen mitgewirkt haben:

Arabella Earley (MOT Junior Agency), Emily Wigoder, Euan Thomson und Harry Holmstoel (Norrie Carr Agency)

Vielen Dank auch an Penny Arlon, Penny Smith und Wendy Bartlett für die Mitarbeit in Lektorat und Layout.

www.annabelkarmel.com